Una nuova e più grande Settefrati sul suolo d'America

MARIO VITTI

Edited by Anthony Julian Tamburri
Preface by Riccardo Frattaroli

CASA LAGO PRESS
NEW FAIRFIELD, CT

Spuntini
Volume 3

This book series is dedicated to publishing those studies that are longer than the traditional journal-length essay and yet shorter than the traditional book-length manuscript. Intellectually, it is a light meal, a snack of sorts that holds you over for the full helping that comes with either lunch or dinner.

All attempts have been made to identify and find the author of the original version and any living family members. We're hopeful we will be able to give full credit due sooner than later.

COVER PHOTO: "Settefrati at Vespers" by Judy Tamburri

ISBN 978-1-955995-03-0
Library of Congress Control Number: Available upon request

CASA LAGO PRESS
New Fairfield, CT

Per Alberto Cucco, settefratese di nascita e di costumi, e un galantuomo senza uguale.

TABLE OF CONTENTS

ACKNOWLEDGEMENTS

As I have repeatedly stated in other venues, no essay or book, whatever its format, is ever completed in a vacuum; there is always someone with whom we all share our ideas.

Especially in this case, I need to thank first and foremost Ilaria Serra, Professor of Italian at Florida Atlantic University. Just about two decades ago, Ilaria was engaged in research on immigrant autobiography to the United States. In digging through archives hither and yon, she came across a photocopy of *Una nuova e più grande Settefrati sul suolo d'America.*

In addition to Ilaria Serra, I also need to thank Professor Emanuele Pettener for checking over the Italian transcription for typographical errors and, in a few points, deciphering some text.

Of course, a heartfelt thanks to the Honorable Riccardo Frattaroli, Mayor of Settefrati.

Riconoscimenti

Come ho ripetutamente sostenuto in altre sedi, nessun saggio o libro, qualunque sia il suo formato, è mai realizzato nel vuoto; c'è sempre qualcuno con cui tutti noi condividiamo le nostre idee.

Soprattutto in questo caso, devo ringraziare in primo luogo la professoressa Ilaria Serra, docente d'italiano alla Florida Atlantic University. Circa vent'anni fa, Ilaria era impegnata in una sua ricerca sull'autobiografia degli immigrati italiani negli Stati Uniti. Scavando qua e là negli archivi in diverse parti degli USA, si è imbattuta in una fotocopia di *Una nuova e più grande Settefrati sul suolo d'America*.

Oltre a Ilaria Serra, devo ringraziare in simil modo il professor Emanuele Pettener per aver controllato la mia trascrizione italiana per errori tipografici e, in alcuni momenti, per aver decifrato qualche punto problematico nel testo originale.

Naturalmente un caloroso ringraziamento all'onorevole Riccardo Frattaroli, sindaco di Settefrati, che ha voluto introdurre questo piccolo gioiello con la sua prefazione.

PREFACE

by Riccardo Frattaroli
Mayor, Settefrati

As mayor of Settefrati, a great little town in the Comino Valley where I was born, I feel it is my duty to thank the person who has been able to recall with pride and a vivid feeling for the homeland the stories of the Settefrati community in the land of America.

The simplicity, coherence, and emphasis on details, as well as the pride and determination with which our people who left in search of a future is recounted, in every moment, ignites the nostalgia of one's origins, of those roots never forgotten and now preserved in the heart.

On this occasion, too, I was able to ascertain how much the hard work of our Settefratesi, in a distant, new and in some ways difficult land, was always carried out with sacrifice and self-sacrifice. An effort to guarantee their families a secure future full of promise, moved by all-encompassing Italian love and pride.

And today, many years later, the new generations of Settefratesi-Americans have made their way to become professionals and managers, entrepreneurs and distinguished university professors who bring honor and pride to the country of their fathers.

Moreover, during my visits to the Settefrati communities in America and in Canada, I was always received with great warmth, esteem, and immense affection, under the auspices of *Our Lady of Canneto* who has protected and accompanied my fellow citizens along their journey.

I reiterate in affirming that these roots, traditions, and the memory of Settefrati must be kept alive and vivid not only through the memories and recollections of previous generations but especially through the young people who, thanks to their qualities and skills, will be able to restore the deserved luster to a country that also needs to renew with a new spirit — perhaps entrepreneurial — its own great, strong, Settefratese origins.

PREFAZIONE

di Riccardo Frattaroli
Sindaco, Settefrati

Come Sindaco di Settefrati, piccolo grande paese della Val Comino che mi ha dato i natali, sento il dovere di ringraziare colui che ha saputo rievocare con orgoglio e vivo sentimento di patria, le storie della comunità settefratese in terra d'America.

La semplicità, la coerenza e l'accento sui particolari, come anche la fierezza e la determinazione con cui è raccontata la nostra gente partita in cerca di futuro, in ogni istante fa trapelare la nostalgia delle origini, di quelle radici mai dimenticate e conservate nel cuore.

Anche in questa occasione ho avuto modo di constatare quanto il duro lavoro dei nostri settefratesi, in una terra lontana, nuova e per certi versi difficile, sia sempre stato svolto con sacrificio e abnegazione. Uno sforzo per garantire alle proprie famiglie un avvenire sicuro e ricco di promesse, mosso da quell'amore e da quella fierezza tutta italiana.

Ed oggi, a distanza di anni, tra le nuove generazioni di settefratesi-americani si sono fatti strada professionisti e manager, imprenditori e illustri professori universitari che rendono onore e vanto al paese dei loro padri.

Inoltre, durante le mie visite nelle comunità settefratesi in America e Canada, sono stato accolto sempre con grande calore, stima e immenso affetto, sotto l'*egida della Madonna di Canneto* che ha protetto e accompagnato i miei concittadini lungo il loro cammino.

Ribadisco nell'affermare che queste radici, le tradizioni e la memoria di Settefrati debbano essere tenute vive e vivide non solo attraverso i ricordi e i racconti delle generazioni precedenti ma soprattutto attraverso i giovani che, grazie alle loro qualità e alle loro competenze, saranno in grado di ridare il meritato lustro ad un paese che ha bisogno anch'esso di rinnovare con nuovo spirito — magari imprenditoriale — le proprie grandi, forti, settefratesi origini.

INTRODUCTION

by Anthony Julian Tamburri

> *The challenge of modernity is to live without illu-*
> *sions and without becoming disillusioned. I'm a*
> *pessimist because of intelligence, but an optimist*
> *because of will.*
>
> ANTONIO GRAMSCI

As Americans of Italian descent we find ourselves in a very peculiar situation in the United States. As, for the most part, people are identified by the country from which they or their ancestors hail, it is thus assumed they bring similar characteristics to bear. While this is often the case, it is also true that people who hail from the same geo-political entity are often quite different and, as well, have distinct social practices.

Without delving into the sociological complexities of such phenomena, I would suggest the following in this brief introduction. First, as I write this in mid 2022, many are, by now, fourth- or fifth-generation Italians; and what they may know about their heritage has been filtered greatly; it was learned in school, or, alas, it never was truly transmitted to the descendants in any direct manner. As a result, their knowledge of who they are can be quite limited. Second, given the complex history of Italian emigration to the United States, we cannot be all clumped together as a homogenized group. Given one's distinct geo-cultural provenance from within Italy, we can readily say that the individual from the Veneto may very well not mirror the individual from Lazio, as well as other geographical locations throughout Italy. This is not to be an evaluative statement by any means; it is simply an observation that the socio-cultural heritage of one section in Italy may very well be different from another.

All of this notwithstanding, we Italian Americans need to be more aggressive in unearthing our history. In order to do so, an initial step is to find a series of cohesive elements that move us forward. In this regard, a substantial knowledge of Italian immigration, in the broadest sense of the term, could surely figure as one of the cohesive agents that bind the group, however tenuous. That is, a strong sense of commonality is indeed that necessary ingredient, I would submit, for the community to progress, for the study of all things Italian/American[1] to become part and parcel of mainstream culture.

All of this, of course, is dependent on the members of the Italian/American community to engage more fully in the appreciation of their culture. This entails an active participation in cultural activities of all sorts; it requires that Italian Americans make a concerted effort to go beyond those one or two activities they have identified as their own. We all need to expand our agenda so that it includes a new, more encompassing form of cultural integration that also transcends our own arbitrary boundaries in order to create a more collaborative network with other organizations.

All of this is dependent on a combination of cultural awareness and appreciation: namely a new sense of the Italian/American self that leads, in the end, to an appropriation of one's cultural legacy and its overall impact on today's contemporary life, which ultimately calls into question the individual's ability to negotiate said legacy within his/her own Italian/American quotidian existence.

The discovery of such artifacts and documents that aid us in expanding our sense of *italianità* plays a markedly significant role. Mario Vitti's small but very insightful volume,

---

[1] For more on my use of the slash (/) instead of the hyphen (-), see my, *To Hyphenate or not to Hyphenate: the Italian/American Writer: Or, An Other American?* (Montreal: Guernica Editions, 1991).

Una nuova e più grande Settefrati sul suolo d'America, is an integral part of broadening one's knowledge of our cultural foundational, and in this sense in our Settefratese sense of self!

In closing, a note about the text. Given an occasional Anglicism (e.g., "fattoria" instead of "fabbrica"), a few changes were made. In addition, and because we were working from a photocopy, some of the words were a bit difficult to decipher. Finally, when used as a noun, the term "Settefratese" is capitalized; when used as an adjective it is written with a small "s."

INTRODUZIONE

di Anthony Julian Tamburri

La sfida della modernità è vivere senza illusioni e senza diventare disilluso. Sono pessimista con l'intelligenza, ma ottimista per la volontà.
ANTONIO GRAMSCI

Come americani di origine italiana ci troviamo in una situazione molto particolare negli Stati Uniti. Poiché, per la maggior parte, le persone sono identificate dal paese da cui provengono loro o i loro antenati, si suppone che portino caratteristiche simili. Se questo è spesso vero, è altrettanto vero che le persone che provengono dalla stessa entità geo-politica sono al tempo stesso molto diverse e, inoltre, hanno pratiche sociali distinte.

Senza addentrarmi nelle complessità sociologiche di tali fenomeni, vorrei suggerire quanto segue in questa breve introduzione. In primo luogo, mentre scrivo questo a metà del 2022, molti sono ormai italiani di quarta se non quinta generazione; e quello che possono sapere della loro eredità è stato a volte molto filtrato; è stato appreso a scuola, o, ahimè, non è mai stato veramente trasmesso ai discendenti in alcun modo diretto. Di conseguenza, la loro conoscenza di chi sono può essere piuttosto limitata. In secondo luogo, data la complessa storia dell'emigrazione italiana negli Stati Uniti, non possiamo essere tutti raggruppati come un popolo omogeneo; data le diverse provenienze geo-culturale dal Bel Paese, possiamo dire senza alcun dubbio che l'individuo veneto, ad esempio, può benissimo non rispecchiare l'individuo laziale, e così è per altre località geografiche in tutta Italia. Questa non vuole essere un'affermazione valutativa; è semplicemente una constatazione che il patrimonio socioculturale di una parte d'Italia può benissimo essere diverso da un'altra.

Nonostante tutto questo, noi americani italiani dobbiamo essere più aggressivi nel portare alla luce la nostra storia.[2] Per farlo, un primo passo è quello di trovare una serie di elementi coesivi che ci portino avanti. A questo proposito, una conoscenza sostanziale dell'immigrazione italiana, nel senso più ampio del termine, potrebbe sicuramente figurare come uno degli agenti coesivi che legano il gruppo nel suo insieme, per quanto tenue. Cioè, un forte senso di comunanza è davvero l'ingrediente necessario, direi, perché la comunità possa progredire, perché lo studio di tutto ciò che è italiano/americano diventi parte integrante della cultura *mainstream.*

Tutto questo, naturalmente, dipende dal fatto che i componenti della comunità italiano/americana si impegnino più a fondo nell'apprezzamento della loro cultura. Questo implica una partecipazione attiva in eventi culturali di tutti i tipi; richiede che gli americani italiani facciano uno sforzo concertato per andare oltre quelle una o due attività che hanno identificato come loro proprie. Abbiamo tutti bisogno di espandere la nostra agenda in modo da includere una nuova e più ampia forma di integrazione culturale che trascenda anche i nostri confini arbitrari per creare una rete più collaborativa con altre organizzazioni.

Tutto ciò dipende da una combinazione di consapevolezza e apprezzamento culturale: vale a dire un nuovo senso del sé italiano/americano che porta, alla fine, a un'appropriazione della propria eredità culturale e del suo impatto complessivo sulla vita contemporanea di oggi, che alla fine chiama in causa la capacità dell'indivi-

---

[2] Per l'uso del binomio "americano italiano" come sostantivo e "italiano/americano" come aggettivo, si veda il mio *Una semiotica dell'etnicità. Nuove segnalature per la scrittura italiano/americana.* Americana 2 (Franco Cesati Editore, 2010), pp. 17-19.

duo di negoziare tale eredità all'interno della propria esistenza quotidiana italiano/americana.

La scoperta di tali artefatti e documenti che ci aiutano ad espandere il nostro senso di italianità gioca un ruolo decisamente significativo. Questo volume piccolo ma molto penetrante di Mario Vitti, *Una nuova e più grande Settefrati sul suolo d'America*, dunque, è parte integrante dell'ampliamento della conoscenza del nostro fondamento culturale, e in questi termini del nostro senso di sé Settefratese!

Per concludere, una nota sul testo. Dato un occasionale anglicismo (ad esempio, "fattoria" anziché "fabbrica"), si sono apportate al testo alcune modifiche. Inoltre, e poiché stavamo lavorando su una fotocopia, alcune parole erano un po' difficili da decifrare. Infine, quando usato come sostantivo, il termine "Settefratese" appare con la "s" maiuscola; quando viene usato come aggettivo è scritto con una "s" minuscola.

Mario Vitti

UNA NUOVA E PIÙ GRANDE SETTEFRATI

SUL SUOLO D'AMERICA

1959

Ai miei figli

affinché ricordino il padre ed a tutti i miei concittadini che per culla e residenza dei loro figli hanno scelto il suolo d'America, scoperta dal Genio italiano, largamente fecondata dal lavoro degli italiani e con il sacrificio degli italiani; la mia commossa ammirazione per il suo passato il mio pensiero costante per un radioso avvenire.

Mario Vitti

Concittadini Settefratesi!

Incoraggiato dalla benevola accoglienza fatta alla mia elementare storia della nuova Settefrati d'America, espostavi il 5 Aprile 1959 nella sede della nostra società "Alessandro Venturini in Stamford", in quella occasione, chiedevo l'aiuto per una revisione dell'opera allo scopo di poter licenziare alla stampa un lavoro degno di essere tramandato ai nostri figli.

L'invito è stato accolto da un Settefratese dal cuore gentile e generoso, che a queste qualità accoppia doti di intelligenza e di ingegno, da un apprezzato oratore, il prof. Di Brenno Camillo, che insegna in una città vicino Roma, Cisterna, località che conobbe anche il sacrificio cruento dei soldati americani nello sbarco di Anzio.

A lui ho ceduto tutto il materiale per la compilazione dell'opera e sono sicuro che il suo lavoro saprà farci rivivere il sacrificio di coloro che dal nulla segnarono la nascita della nostra laboriosa colonia in terra d'America e di coloro che ancora oggi svolgono la loro operosità in questo suolo.

Mario Vitti

Settefratesi d'America!

Roberto Bracco, insigne drammaturgo di fama mondiale, afferma che qualunque opera, destinata ad esaltare i valori della propria terra, è opera d'arte.

Tale affermazione mi ha spinto ad incoraggiare Mario Vitti a dare alle stampe la storia scritta di Settefratesi sul suolo d'America, per compilare un'opera del genere e poi, come Settefratesi, per un duplice motivo: perché nessuno prima di lui aveva pensato a compilare un'opera del genere e poi, perché, come Settefratesi, la rievocazione storica fatta con tanta passione, mi riempie di giustificato orgoglio.

Mario Vitti ha saputo magistralmente raccogliere le maglie sparse di vicende, che sarebbero andate sicuramente disperse e coperte da dimenticanza. Ha profuso nel suo lavoro l'onda inesausta della sua anima generosa, traboccante di una spontanea vena poetica ed ha composto un'opera di cui tutti i nostri emigranti sentivano la mancanza e che tutti coloro che vivono in America leggeranno con piacere.

L'attaccamento che i Settefratesi d'America nutrono per il loro paese d'origine e veramente meraviglioso e commovente. Mario Vitti nelle sue pagine esalta questa realtà palpitante. Egli, nella sua modestia, non fa accenno a tutta l'opera che ha esplicato e che esplica per mantenere sempre saldi i legami fra i membri della colonia, ma il lettore che conosce la sua sincera passione, la sua anima generosa, la sua attività costruttiva, la sua squisita sensibilità patriottica, riconoscerà egualmente i suoi meriti impliciti nel racconto, il quale accrescerà la sua popolarità e la schietta simpatia da cui è circondato.

Questi atteggiamenti acquistano maggiore consistenza, allorquando si pensa che il suo esempio sprona i giovani ad imitarlo, per perpetuare un vincolo d'amore, che col passare degli anni si potrebbe affievolire e spegnere.

Leggendo la sua prosa ed i suoi versi non si può fare a meno di abbandonarsi a considerazioni lusinghiere per l'autore e penso che se avesse potuto dedicarsi con serenità agli studi, sotto l'impulso del suo innato sentimento poetico e lirico, avrebbe potuto dar vita a pregevoli produzioni del pensiero.

Nel racconto si nota che "Anserici Alberico" e la "Capitano Venturini" in unione a tutte le altre società mutualistiche ed i *clubs* paesani costituiscono le vostre realizzazioni più belle e, perpetuarne e renderne più efficace l'attività, deve essere il pensiero costante di ogni Settefratese d'America.

Sono sicuro che tutti faranno buona accoglienza all'opera di Mario Vitti, la quale per molteplici ragioni, dovute a fattori estranei al pensiero dell'autore, come la difficoltà d'indagine in un continente così vasto, non ha la pretesa di un capolavoro.

Tuttavia, il lavoratore settefratese, che nel segreto delle sue meditazioni, vola sempre col pensiero al suo paesello lontano, leggerà queste pagine con diletto e sarà certamente raggiunto da quella nostalgia, che ci fa amare e desiderare i luoghi che ci videro nascere e crescere.

Qualche critica potrebbe essere mossa a tutta la narrazione per le digressioni meno lunghe alle quali sovente il Vitti si abbandona. Non si son potute evitare per non interrompere bruscamente la spontanea freschezza dello stile e per non privare il lettore della conoscenza di particolari interessanti, che chi sta lontano è avido di sapere.

Chiudo queste note introduttive formulando a tutti l'augurio di una vita prospera e felice, confortata dall'agiatezza che la vostra laboriosità saprà realizzare, con la certezza che qualsiasi condizione il Settefratese si creerà, non distoglierà mai il suo sguardo da quei valori eterni che hanno resa meno pesante la vita dei primi pionieri, che lo precedettero in terra d'America, e di quei superstiti che conservano, come cosa sacra, le memorie del passato.

Camillo Di Brenno

È ormai universalmente riconosciuto che il Genio italiano ha contribuito ad imprimere la sua orma profonda nel progresso e nella civiltà del mondo. Nel campo delle lettere, delle arti e delle scienze si trova sempre il notevole contributo degli Italiani.

L'America deve appunto al Genio italiano la sua scoperta e gran parte della sua attuale Potenza, che la pone arbitra del destino dell'umanità nel mondo.

Fu il grande Colombo a segnarne la rotta alle flotte del futuro, fu il fiorentino Amerigo Vespucci a rivelare di aver scoperto un nuovo continente. Queste scoperte furono disseminate di gravi ostacoli, che avrebbero fermato chiunque. Chi non ricorda la triste odissea, la vita di miserie di Colombo alla ricerca di poche navi, che gli permettessero di raggiungere l'oriente attraverso l'occidente?

Vi è un celebre quadro che ricorda l'incomprensione con cui fu accolta dalle corti e dai governi dell'epoca la proposta di Colombo che era convinto che nel mondo vi fossero ancora terre inesplorate. Il quadro rappresenta i famosi dotti della Salamanca, i quali, conosciuta la grande idea di Colombo, ed interpellati per dare il loro parere, si sganasciano dalle risa ritenendola in contrasto con le leggi geografiche conosciute in quel tempo.

La costanza del Colombo, la ferma volontà dell'Italiano resero possibile la conclusione di una impresa, che ancora riempie e riempirà di ammirazione il mondo.

Capitolo I

LA PARTENZA DA SETTEFRATI

Si è ritenuto opportuno fare questa breve premessa per riallacciare l'ardore e la fede del grande Colombo, con lo stesso coraggio che animò i nostri concittadini, allorquando abbandonarono Settefrati per raggiungere il suolo americano.

È bello rievocare le vicende di questi primi arditi, rivivere il loro stato angoscioso, allorquando abbandonarono gli affetti più cari, la loro terra, la loro casa per andare incontro all'ignoto. È bello riportarci agli anni della nostra fanciullezza per ricordare la partenza degli emigranti da Settefrati.

Sistemati in disagevoli "chars a bane" (sciaraballi) discendevano al piccolo trotto dei cavalli di Tomasso, Michele e Luigi Conetta la ripida discesa delle "tre sbote" accompagnati dal pianto accorato dei familiari. Questo pianto aveva un'eco penosa nel cuore dei nostri primi emigranti. In quel momento, per dirla col Manzoni, si disabbellivano dalla loro mente i sogni della ricchezza e sarebbero volentieri tornati indietro, se una irresistibile volontà non li avesse trattenuti.

Il viaggio proseguiva fra i disagi congiunti con l'epoca perché la nostra Marina Mercantile di allora non aveva ancora raggiunta l'efficienza e l'eleganza del naviglio italiano moderno, tanto che i nostri piroscafi sono oggi preferiti e prescelti fra quelli delle altre nazioni, per le comodità e per il lusso che offrono. Sono ormai trascorsi ottant'anni da quando il primo manipolo di arditi Settefratesi, imitando l'audacia e l'ardire del grande Colombo, s'imbarcò a Napoli ed approdò nelle anelate sponde d'America.

Stanchi, col sacco delle proprie masserizie sulle spalle, ma animati di fede, di forza e di speranza, ignari della lingua e dei costumi della nuova terra, affrontarono impavidi le prime e più dure difficoltà.

La legislazione sociale, allora, era quasi inesistente e, benché l'America fosse stato il primo paese nel mondo ad innalzare il vessillo della libertà, in quell'epoca il lavoratore era quasi indifeso contro l'ingordigia di avidi aguzzini, di uomini bestiali, di lupi famelici, di sparvieri rapaci, senza coscienza, che abusavano della miseria dei nostri concittadini per accaparrarli e poi sfruttarli in lavori di inumana pesantezza. Uomini di ogni razza, improvvisatisi imprenditori, speculavano avidamente su quel primo smarrimento che rende pavido chiunque per la prima volta si trova sperduto in località nel mondo a lui nuove. Le delusioni, l'amarezza di una casa e di una famiglia lontana avrebbero fiaccato spiriti meno preparati, meno tenaci, ma i Settefratesi, duri come le rocce dei nostri monti, reagirono a questo primo smarrimento, s'imposero all'ammirazione di datori di lavoro e dei compagni di lavoro, per l'operosità instancabile e sommamente redditizia. Benché lanciati in desolate lande per la costruzione di linee ferrate, sia sotto i raggi saettanti del sole, sia esposti alle intemperie ed al gelido e glaciale soffio della tramontana sferzante, quelle forti tempre di lavoratori non si piegarono di fronte a tante avversità. Scherniti, rapinati, stuzzicati, seppero reagire allo scherno e alla violenza con santo risentimento.

La loro posizione cambiò ben presto sotto l'impulso del nostro carattere paziente ma deciso. Il Settefratese seppe difendersi e farsi largo con l'astuzia, con la forza, rintuzzando l'albagia sprezzante degli sfruttatori e di tutti coloro che credevano cosa lecita burlarsi della nostra gente: qualsiasi arma fu usata in quelle dure contingenze: il picco, la pala, i sassi. Gli arnesi di lavoro mulinavano e si abbattevano sulle spalle dei prepotenti profittatori, facendoli desistere dalla campagna di insolenze e di schema. Di fronte alla decisa reazione dei nostri baldi pionieri le condizioni di lavoro e di adattamento cominciarono a diventare più ragionevoli e meno precarie. Altri gruppi di Settefratesi sbarcarono in America. Anche costoro, furono adibiti alla costruzione di linee ferrate ed anch'essi con gli stessi mezzi domarono le arroganze e gli ingordi appetiti di tutti coloro che, a qualsiasi razza appartenessero, credevano di poter impunemente calpestare la dignità e l'onorabilità del Settefratese.

Capitolo II

La Società "Anserici Alberico"

Nel 1885 giunse a New York qualche professionista ed alcuni artigiani accompagnati dalle rispettive mogli. Quando i Settefratesi raggiunsero una certa entità numerica sentirono il bisogno di unirsi per essere più forte, per non disperdersi e potersi sempre aiutare vicendevolmente.

È ammirevole la lungimiranza di quei pionieri, allorquando pensarono di creare un ente ricreativo ed assistenziale. Nacque così la gloriosa società di Mutuo Soccorso "Anserici Alberico".

Anche la denominazione del nuovo sodalizio si impone alla nostra ammirazione e denota la squisita sensibilità dei fondatori, i quali, lontani dalla patria, non dimenticarono di porre la loro società sotto l'egida del monaco settefratese, che con le sue visioni fornì a Dante Alighieri il materiale per il suo viaggio nell'oltretomba, da cui scaturì il mirabile ed immortale poema della *Divina Commedia*, il cui autore è considerato il padre della nostra armoniosa lingua.

Fu nel lontano 1891 che i Settefratesi risposero all'appello del defunto Alfonso Tamburri e si riunirono 61 persone per gettare le basi della nuova società. Lo stesso Alfonso Tamburri fu l'ideatore e l'estensore dello Statuto del nuovo e nascente sodalizio.

Onore a quei grandi nostri predecessori che con l'"Anserici Alberico" hanno mantenuto inalterati i vincoli che legano l'immigrato al proprio paesello nativo. Carmine Macari, uno dei fondatori superstiti della società, novantaduenne, non ha saputo resistere al richiamo del suo paese, ed ancora vigoroso e baldo, non ha esitato, alla sua venerabile età, di affrontare l'attraversata atlantica per poter rivedere quei luoghi che lo videro fanciullo e giovane emigrante, pieno di speranze, in cerca di fortuna.

L'attaccamento del simpatico Ciangone per Settefrati è uno dei tanti e non soli esempi dell'efficace azione svolta dall'"Anserici Alberico", azione, che si traduce, in ultima analisi, in una splendente fiaccola di italianità nel suolo d'America.

Capitolo III

La Società
"Capitano Alessandro Venturini"

Nel 1916 la colonia settefratese di Stamford era cresciuta in proporzioni tali che, accanto alla "Anserici Alberico", sorse la consorella società "Capitano Alessandro Venturini". Questo nuovo ente trasse la sua denominazione dalla figura di un eroico Settefratese, il capitano Alessandro Venturini, caduto nell'ora più bella e più gagliarda degli anni sulle aspre cime di quei Monti, posti dalla natura a baluardo dei confini d'Italia, in una guerra cruentissima, combattuta per ricongiungere per sempre alla patria le Italianissime città di Trento e Trieste.

Le due società, fin dalla loro fondazione, hanno svolto le mansioni ad ognuna di esse assegnate, con unità di intenti ed amorevolmente. Ai fondatori dell'una e dell'altra società si sono succeduti altri amministratori e tutti hanno assolto il loro compito con larghezza di vedute, contribuendo a mantenere amalgamata e compatta la famiglia settefratese emigrata. Sempre a Stamford, ove più numerosi si stabiliscono i primi Settefratesi, sorse una società femminile.

Le donne settefratesi, custodi gelose di una fede che hanno appresa dalle labbra della mamma e che hanno radicata nel cuore in modo così profondo da non temere vacillamenti, posero a questa società il nome della più eccelsa delle donne.

La Madonna di Canneto che, come in seguito si vedrà, è in cima ai pensieri di ogni Settefratese.[1]

Lo spirito di socievolezza è innato nei Settefratesi. Il 9 maggio di quest'anno, anche a New York, trentuno donne, per iniziativa di Tommasina Vagnone, si sono riunite per gettare le basi per la Fondazione di una nuova società femminile. Quando l'iniziativa sarà tradotta in realtà, darà sicuramente vita ad uno dei più recenti ed ultimi sodalizi, che tramanderanno alle generazioni future i nomi delle fondatrici come, con riverenza, è ricordato quello di Alfonso Tamburri e degli altri fondatori dell'"Anserici Alberico".

---

[1] Canneto, dove sorge un Santuario della Madonna, è una valle, chiusa in una gola dell'Appennino Abruzzese, attraversata dal fiume Melta. Gli anarchici vi avevano eretto un tempio alla Dea Meliti, divinità adorata nei luoghi acquitrinosi. L'anno scorso alcuni scavi hanno riportato alla luce i resti delle colonnine di un tempio e monete romane del quarto secolo. L'indubbio valore archeologico dei ritrovamenti, specialmente in campo numismatico, ha fatto sì che le monete siano scomparse e qualche detentore ha circondato il rinvenimento di un alone di omertà per evitare un intervento dello Stato.

Capitolo IV

Consolidamento della Colonia

Arrivarono più tardi altri Settefratesi e trovarono la via battuta, mentre quelli che arrivano oggi, vengono rilevati allo scalo marittimo da lussuose machine, e, senza affrontare i disagi di una volta, vengono "a letto rifatto" come si dice a Settefrati.

È un debito di onore e di riconoscenza che tutti debbono tributare a quei forti campioni, lavoratori della terra e della pietra, che con sforzi sovrumani, con calma e pazienza ci spalancarono le porte di America ed arrivarono a creare una più grande Settefrati sul cuore e sul suolo d'America. Pace e gloria a tutti i morti, seppelliti nei crolli, negli infortuni sul lavoro, nelle disgrazie o comunque caduti per la grandezza della America. Pace e Gloria ai nostri valorosi figli, che caddero da eroi sui campi di battaglia, per la difesa della grande America.

Circa trecento furono i nostri combattenti sotto la Bandiera Stellata nell'ultima guerra, dolorosissime le perdite in morti e feriti ingoiati dall'immane conflitto (1). La partecipazione ad una tale guerra fu particolarmente dolorosa per i nostri figli, i quali si trovarono ad affrontare il dilemma increscioso del dover combattere contro i loro stessi fratelli d'Italia, in una lotta che ha seminato morte e distruzioni in ogni lembo della penisola, tanto che anche la piccola Settefrati, non è andata indenne dalle generali rovine causate dal conflitto. Mai nessuna storia di popolo ha registrato più spaventose e raccapriccianti tragedie. I nostri figli però, dalla tempra romana, anche con il cuore straziato, non vennero giammai meno al loro dovere di liberi soldati americani. L'America ha poi contribuito alla ricostruzione dell'Amica Italia, perché sa che alla sua grande vittoria hanno dato il generoso contributo i soldati di quasi tutti i paesi d'Italia od oriundi italiani. Ai reduci rese onori adeguati al valore dimostrato, ai morti l'eternità della gloria, ai sopravvissuti il tripudio della vittoria ed i frutti della pace.

Analogamente ha fatto la nostra colonia, onorando i morti ed accogliendo con il trionfo il ritorno glorioso dei combattenti.

In quelle circostanze tutti i Settefratesi si sono trovati riuniti in allegri banchetti ed in simpatiche agapi fraterne.

Così unita ora la nostra colonia, di anno in anno si è ingrandita, è divenuta imponente. Siamo ovunque temuti e rispettati, la nostra amicizia è ardentemente ricercata, come la cittadinanza americana non è mai negata a chi se ne rende onorevolmente degno. Il rispetto ci viene tributato non solo dagli stranieri, ma bensì da tutti i nostri fratelli d'Italia.

(1) Confinante con la città nella quale insegno sorge la città di Nettuno, ove è stato costruito un monumentale Cimitero ai soldati americani caduti nello sbarco di Anzio.

Qualche mese fa è venuto a trovarmi mio fratello Gregorio ed andammo a consumare il pranzo in un ristorante di quella città. Mia cognata Rosella mise nella macchina un ricco fascio di fiori che volle andare a deporre sulla tomba di un suo parente, un certo Giovanni o Giuseppe Tamburri, figlio di Settefratesi, caduto nelle operazioni di guerra.

Ebbe modo di constatare come sanguinosa fosse stata la lotta per aprire la testa di ponte di Anzio, dal numero delle croci disseminate nel Cimitero. Un barista di Cisterna mi ha raccontato che il Tamburri, l'ultima sera che fu in vita, consumò con lui una cena abbondante. Uscito di pattuglia non fece più ritorno.

Capitolo V

Le Nostre Virtù

Uomini e donne hanno compiuto lavori di cui sarebbe vana impresa fare un esatto inventario. Non si esagera se si afferma che il lavoro degli emigranti settefratesi è all'avanguardia anche su quello delle altre colonie che hanno abitato L'America dopo la scoperta di Colombo.

La colonia settefratese può andare superba per il suo meraviglioso sviluppo: essa è la più operosa, la più intelligente, la più buona, la più gioviale, la più onesta e espansiva.

Ama la buona compagnia, l'allegra conversazione. Le sue relazioni ed i suoi colloqui sono sostanziati da un sottile umorismo, da ingenue barzellette, da innocui racconti antichi e moderni, scevri da allusioni di cattivo gusto e di ripugnanti volgarità. È lontana da tutti l'intenzione denigratoria di tutto ciò che esalta la virtù, la moralità, le produzioni dell'ingegno. Amano riunirsi in allegre brigate, innaffiate da qualche buon bicchiere di vino o di birra, da squisiti liquori e, seguendo l'esempio dei padri, nell'euforia determinata dalle bevande, sanno mantenere nel limite del giusto e dell'onesto le loro manifestazioni e mai alcun fatto increscioso è venuto a turbare la loro armoniosa convivenza.

Capitolo VI

Quanti Siamo

Il nostro grande Manzoni cantava "Chi potrebbe dalla gemina Dora, scerner l'acque confuse nel Po?" Come era difficile per il poeta Lombardo riconoscere nel Po le acque della Dora Baltea e della Dora Riparia, così appare oggi impossibile fare un esatto censimento dei Settefratesi e degli oriundi settefratesi ora presenti in America. La nostra prolificità e quella dei nostri figli porterebbero a cifre iperboliche messe in relazione con l'attuale popolazione di Settefrati.

L'anno scorso, l'autore di queste note, parlando con Achille Vitti, seppe che costui era nonno di diciannove nipoti; Vincenzo Di Preta gli comunicava che nel festeggiare il suo compleanno si era visto attorno quarantadue persone tra figli, nuore, nipoti e pronipoti; Donato Conetta, cugino dell'autore, quattro anni or sono, parlando su questo argomento affermava che a New York avevano preso stabile dimora circa cinquanta famiglie delle sole frazioni di Settefrati.

Non si incorre in una esagerazione se si afferma che attualmente la nostra colonia è all'apice della sua espansione ed ogni giorno si arricchisce di nuove unità, tanto da aver raggiunta l'imponenza che potrebbe popolare una città venti volte superiore al numero degli abitanti dell'attuale Settefrati.

Capitolo VII

Quello Che È Stato Fatto

I Settefratesi d'America si sono distinti in ogni campo dell'attività umana. La colonia annovera professionisti, impiegati, artigiani e lavoratori della terra. Si chiede scusa se nell'elencazione qualcuno possa essere stato omesso. Se si dovessero elencare tutti i benemeriti Settefratesi distintisi in tutti i campi i lettori sarebbero certamente raggiunti dal tedio. Bisogna limitarsi a citare i casi più noti.

Nel Grand'Uff. Comm. Antonio Fanoni, si può riconoscere il decano dei nostri medici in America, che si impose all'ammirazione di una vasta clientela per l'opera apprezzata che seppe prestare a favore dell'umanità sofferente. Seguirono il suo esempio altri colleghi, altri, conseguendo la laurea in America stessa, tengono alto il nome d'Italia per la loro opera di alta abnegazione. La schiera dei professionisti si allarga proiettandosi in ogni ramo delle scienze. La colonia Settefratese vanta ingegneri, architetti, dottori in fisica, in chimica, maestri e maestre che insegnano musica e lingue straniere in scuole americane. Vanta direttori di colossali banche segretari ed altri impiegati. Un nipote di Pietro Terenzio, omonimo del nonno, è presidente e direttore di uno dei più vasti ospedali di New York. Vorremmo in questo momento essere nei panni di zia Mariuccia, la più buona e la più anziana Settefratese d'America, che col suo aspetto venerando ricorda il volto angelico delle nostre mamme, che non rivedremo mai più perché riposano all'ombra dei cipressi della nostra Settefrati.

Vanta la nostra colonia numerosi studenti di scuole medie, che non tarderanno ad arricchire la schiera dei professionisti italiani in terra d'America. Abbiamo un Rustici che svolge apprezzate attività esplicative nella radio e televisione; un figlio di Giovanni Vitti di Stamford si sta facendo strada fra gli attori di Hollywood; divisioni intere di ingegneri, meccanici di raffinata maestria e non pochi di essi collaborano alla correzione ed al perfezionamento del cilindro e del motore delle macchine volanti. Annovera un reggimento di abilissimi sarti e sartine, alcuni padroni di laboratorio, altri alla dipendenza di rinomate sartorie col compito delicato di disegnatori; vi sono capi di intere fabbriche; vi sono nidi di moda femminile, ove stelle della ricchezza e dell'arte vanno a spogliarsi ed a farsi rivestire dai nostri eccelsi sarti campionisti. Una grande fabbrica di vestiti da donne si aveva pochi anni là a Stamford con oltre 300 macchine da cucire ed era divenuta l'asilo di tutte le donne provenienti da Settefrati o figlie di Settefratesi, le quali entravano da semplici apprendiste e sotto la guida dalla brava e provetta maestra Antonia Tamburri ne uscivano modelliste, campioniste ed esperte lavoranti. La buonanima di Antonia Tamburri sarà sempre ricordata con riverenza dalla colonia settefratese per le sue qualità professionali e per le sue elette virtù di donna esemplare.

Anche il campo edilizio conobbe la precisione e l'arte settefratese, che raccolse allori da farne uscire la fama dei campioni oltre i confini americani. I nostri architetti, appaltatori, dirigenti e muratori profusero la loro abilità in colossali costruzioni di ospedali, chiese, scuole, banche, immense fabbriche, palazzi e ville sontuose, conducendo a termine lavori per l'importo di molti milioni di dollari. In tale campo si distinsero i nostri concittadini Marcello Mezzullo e Nunziatello Tamburri, e speriamo che l'attività attenuatasi e ristagnatasi dopo la morte di questi intrepidi costruttori venga ripresa dai figli, coadiuvati dai nostri architetti e dalla mano d'opera giunta da Settefrati, e riportata all'antico splendore, ad onore di chi la seppe efficacemente avviare.

Tutto nelle sue varie specializzazioni è rappresentato da uomini stimati e che ci fanno onore. L'attività commerciale e l'artigianato sono rappresentati su vasta scala e si può ben dire che non vi sia prodotto necessario alla vita che non sia venduto dai nostri compaesani.

Uno sciame di gentili ed avvenenti "farfallette", che portano negli occhi vivaci e nelle rosate e vellutate guance l'impronta del sangue schietto e gentile di Settefrati, sono impiegate in qualità di segretarie, scrivane, dattilografe ed in delicatissime funzioni di ufficio in colossali agenzie di assicurazione, presso avvocati ed in altri uffici e ovunque occorra ingegno, abilità e pratica specifica.

Dove sono i nostri?

Dappertutto: nei più diffusi giornali, in riviste scientifiche, nelle poste, nei telegrafi, nelle ferrovie, nel corpo di polizia, nei vigili del fuoco, dove registriamo qualche dolorosa perdita avvenuta nell'eroico compimento del proprio dovere, che ha colpito una persona inceneritasi fra le fiamme ardenti, immolando la propria vita per l'altrui salvezza. È ovunque diffuso il convincimento che la malavita americana sia stata una triste piaga dell'immigrazione italiana. Il nome di alcuni fuorilegge di origine italiana ha contribuito a rafforzare questo convincimento. La criminalità è un fenomeno universale: ovunque sono i buoni ed i cattivi, ma anche accettando per vera la presenza di alcuni italiani nell'elenco delle persone dedite al maleficio, i Settefratesi possono trarre un sospiro di sollievo, riconoscendo che nessun nativo od oriundo figura nella lista infame dei malfattori, degli irresponsabili tarli dell'umanità, che popolano le galere. Nessun Settefratese sia giovane che vecchio si è mai macchiato d'infamia. In mezzo ad unità di lavoratori, come è stato ampiamente dimostrato, non può allignare e prosperare la pestifera pianta del delitto e del crimine. È, questo, un vanto innegabile della nostra colonia.

Questa rassegna sarebbe incompleta se non si denunciasse un vuoto increscioso che si verifica in attività nelle quali siamo assenti, non tanto per lamentare la carenza, ma quanto per additare ai virgulti della nostra florida pianta di avviarsi decisamente verso quelle carriere non ancora percorse dai Settefratesi.

La politica e la magistratura non annoverano ancora Settefratesi e si spera che valorosi giovani che oggi coltivano gli studi, nel prossimo futuro possano rappresentarci.

Tuttavia, è un consuntivo dovizioso quello scaturito dalla nostra operosità. Tutto ciò che è stato realizzato deve ascriversi a merito dei nostri pionieri, di tutti coloro che si sono susseguiti nella direzione delle nostre due società, tutte e due di mutuo soccorso, ai dirigenti instancabili di tutte le amministrazioni ed anche ai soci tutti, che all'unisono lavorano alacremente per incrementarle sempre più e renderle sempre più solide e rispondenti ai criteri per cui furono istituite: l'"Anserici Alberico", prima, e la "Capitano Venturini", dopo, che sempre lavorano con spirito di fratellanza nella gioia e nel dolore, col cuore dei nostri padri e col cuore dei nostri figli nati a Settefrati, dei Settefratesi nati in America, all'unisono, come quelle strade ferrate parallele costruite dalle braccia erculee di quei nostri forti pionieri.

Capitolo VIII

Quello Che Abbiamo Fatto per Settefrati

L'attività della colonia, un lavoro di Settefrati, apre un altro capitolo sostanziato di opera d'imperitura memoria, destinate a tramandare ai posteri l'attaccamento alla nostra terra, A questo punto è necessario procedere in ordine di date. La Prima guerra mondiale vide accorrere entusiasta la giovinezza settefratese sui campi di battaglia per completare l'opera di quei grandi, il cui nome è scritto a caratteri indelebili nelle pagine della storia della nostra patria.

Il contributo di sangue dato al conflitto dai Settefratesi, trova la sua espressione eloquente nelle cifre. Due nostri ufficiali caduti. La memoria di uno di essi rimane perenne nei Settefratesi con la società Capitano Venturini, ma accanto a questo nome glorioso è doveroso ricordare quello di tenente Zezima Michele Archangelo, giovane promessa della classe forense, che già ampie manifestazioni di intelligenza superiore aveva dato nel corso dei suoi studi, immolatosi alla testa dei suoi alpini nelle aspre giogaie dell'Ortigara. A questo nome fa degna corona un'alta percentuale di caduti, militari graduati, umili tanti, ma grandi nell'immoralità della gloria.

Molti di noi, che portiamo ancora nelle carni il ricordo di quella epopea gloriosa, per averla personalmente vissuta, possiamo giustamente valutare l'abisso che ci separa da coloro che non sono più ritornati. In mezzo a noi vivono alcuni orfani di quei forti e custodiscono gelosamente la memoria del padre caduto nel sacro compimento del proprio dovere.

Di fronte a questo sublime olocausto, giunse tempestivo nella colonia settefratese il pensiero di eternare la memoria con un monumento marmoreo, che in Settefrati fu eretto a tempo di primato a totale spese dei Settefratesi d'America.

Si ricorderà come in tempo immemorabile le campane della nostra Chiesa Maggiore fossero sistemate in un locale non adatto e per una ferrea legge fisica, il suono rimaneva circoscritto e non poteva trasmettere il suo concerto armonioso e canoro in tutta la campagna sottostante al nostro paese. L'inconveniente poté essere eliminato dalla munificenza del già mentovato e compianto Dott. Antonio Fanoni, che provvide da solo a sopportare le spese di un artistico campanile, da cui, nelle ricorrenze care al cuore di ogni Settefratese, si snoda il coro festoso delle campane, che una grande ripercussione ha nel cuore di chi, dopo essere stato lontano, torna ad udirle nuovamente.

Nessuno di fronte allo scampanio delle processioni più memorabili che si snodano per le vie di Settefrati, può vincere la commozione e trattenere le calde lacrime che inconsapevolmente sgorgano dagli occhi e rigano le nostre guance.

La brava moglie del dottor Fanoni, pur non essendo della nostra religione, arricchì il campanile di una grande e squillante campana, di cui fu anche la madrina.

Nel 1926 lo stesso dott. Fanoni donava un prezioso altare alla Chiesa della Madonna della Tribuna, risorta dall'abbandono in cui era miseramente caduta. Da questo dono generoso, un momento dal passato millenario poté essere riaperto al culto dei fedeli.

L'esempio del dott. Fanoni fu lodevolmente imitato dal nostro indimenticabile Marcello Mezzullo, che massimamente contribuì con anima di filantropo alle spese di restauro del tempio e della campana della Madonna della Tribuna, la cui mole, benché modesta, guarda benedicente dalla sommità del Colle la vasta e pittoresca valle di Camino, che, allorquando le ombre del crepuscolo la coprono, appare all'occhio estasiato come uno scintillante lago di luci, occhieggianti dai tanti paesi cosparsi sulle colline, testanti di splendore luminoso.

Altra manifestazione degna del più alto riconoscimento non solo dei Settefratesi, ma del Ministero della Pubblica Istruzione Italiano, è stata la meritoria dotazione al nostro paese da parte della nostra colonia di un moderno e accogliente edificio scolastico.

Qualcuno ricorderà come funzionasse la scuola prima dell'erezione del nuovo fabbricato. Se pensiamo che l'attuale Governo italiano, per affrontare il problema dell'edilizia scolastica, ha creato un piano detto "della Scuola", articolandolo con un finanziamento decennale, i Settefratesi d'America possono andare superbi se sono giunti a realizzare con ventitré anni in anticipo ciò che per alcuni paesi il Governo italiano si propone di attuare fra dieci anni.

Il finanziamento dell'opera fu tutta a carico degli emigrati e l'iniziativa poté essere condotta a termine sotto lo sprone e la ferrea volontà del già citato e compianto Marcello Mezzullo, coadiuvato efficacemente da altri compaesani.

La raccolta dei fondi si svolse in un ambiente particolarmente difficile.

L'autore di quest'opera, nel varare per primo e da solo il progetto, riconobbe che era oneroso e forse non attuabile. La nostra colonia allora non era così numerosa come quella di oggi, e lamenti e malintesi minacciavano di far naufragare la nobile iniziativa.

A far cessare le titubanze intervennero provvidenzialmente un munifico contributo del lodato Marcello Mezzullo e l'insostituibile fiamma animatrice del Prof. Giuseppe Terenzio.

La gioventù dell'epoca fiancheggiò validamente i nostri sforzi con il ricavato di intrattenimenti musicali ed accademie di canti corali. La critica, l'attrito, le pessimistiche previsioni, che da noi non furono mai considerate come espressione di odio, allorché l'opera fu condotta a termine, ne resero più clamoroso il trionfo.

Partendo da Settefrati, oltre al ricordo dei loro cari, i Settefratesi portano incisa nei cuori la venerazione verso la Vergine Santissima di Canneto, la Regina Celeste che domina le vette incontaminate della più suggestiva valle di Settefrati, verso cui nel fatidico mese di agosto si appuntano i nostri sospiri d'amore.

Il tempio della Vergine che si erge 'nell'ermo Canneto' a cura delle autorità diocesane è stato in questi ultimi tempi restaurato ed ampliato. Quegli altari su cui ci inginocchiamo per implorare con fervore le celesti benedizioni della madre di Dio, sono stati abbelliti. Non poteva mancare in questa opera di rinnovamento il contributo dei Settefratesi d'America, che hanno provveduto a donare un trono di marmo, su cui la Vergine si assidera per accogliere l'omaggio delle turbe che ai suoi piedi si prostreranno fidenti.

Anche in questa occasione un comitato presieduto dal dott. Conetta Enrico, dal prof. Pellicci Giuseppe e dallo scrivente, incontrò l'entusiastico consenso della colonia.

La Vergine di Canneto, siamo sicuri, accoglierà il nostro modesto omaggio e ne terrà conto nel dispensarci i suoi favori e nel mantenerci sotto la Sua protezione. Apprezzerà l'offerta di una comunità dispersa nelle aspre vie del mondo, che nel suo nome si raccoglie e mantiene stretti i vincoli di fraternità, che maggiormente la lontananza rende solidi.

L'artistico trono di marmo è stato scolpito su progetto del nostro concittadino prof. Alfonso Capocci, il quale con lo squisito gusto artistico che lo ha reso famoso, ha saputo interpretare il nostro voto, la nostra devozione, il nostro amore verso Colei che non nega il Suo aiuto a chi a Lei ricorre fidente, per invocarla. Il trono, pertanto, rimarrà nei secoli a testimoniare la sublimità della nostra offerta e questo pensiero consolante pervase la nostra mente il 20 agosto 1958, quando insieme ad una numerosa rappresentanza di emigrati, assistemmo alla semplice cerimonia della inaugurazione e, nella cornice in-comparabile e maestosa dei faggi secolari dei boschi circostanti, udimmo nuovamente il canto caro ai no-stri cuori.

Il culto della Vergine di Canneto trova un'altra significativa manifestazione da parte della colonia nella raccolta delle offerte che si pratica ogni anno, per rendere solenni i festeggiamenti civili, che pon-gono Settefratesi al centro dell'ammirazione delle popolazioni di cinque provincie del Lazio, della Campagna e degli Abruzzi e degli umili pellegrini, che ripercorrono con la stessa nostra fede, le strade percorse dai loro padri, per risalire, oranti ed osan-nanti, sotto l'afosa calura estiva, quei monti, verso cui puntano le folle dei fedeli, alcune per ringraziare la Vergine, per grazie ricevute, altri fidenti per chie-derne delle altre. Di fronte allo spettacolo di gente che si reca a ringraziare ed a chiedere, si sintetizza la profondità di una fede che annulla tutti i sofismi dello scientismo raziocinante, che pretenderebbero di diminuirne e cancellarne l'efficienza e la portata. Tutte le manifestazioni di affetto e di attaccamento, realizzate col dotare il paese di opere, sono destinate ad esaltare il nostro ricordo mentre l'offerta annua per i festeggiamenti di Canneto costituisce il legame perenne che ogni Settefratese mantiene con la sua terra. Il nome degli offerenti, oltre ad essere ripor-tato nell'elenco annuale dei rendiconti, viene ricor-dato con la lettura pubblica nel giorno della festa dell'Ottavario.

Siamo noi Settefratesi d'America che contribuiamo in massima parte a rendere ricchi ed attraenti quei festeggiamenti che richiamano tanto afflusso di popolo. E le offerte aumentano di volume con l'afflusso di nuovi emigranti. Noi che scriviamo queste pagine, nel passato mese di agosto, abbiamo goduto la delizia di un'ora di dimenticanza ascoltando le melodie immortali dei grandi compositori, che trasfusero in note deliziose il genio della loro ispirazione artistica.

Le opere furono eseguite da primarie bande ed orchestra fra le più rinomate d'Italia e di fama internazionale. I concerti eseguiti dalla grande polifonica di Bari echeggiarono solenni e canori nella piazza di Settefrati, resa bella ed accogliente dall'illuminata amministrazione dell'attuale Sindaco ing. Cav. Olindo Terenzio, che con la sua intelligente attività sta trasformando il nostro paese in un gioiello di soggiorno montano.

Chi rivede Settefrati oggi, non può che rimanere estasiato dalla visione delle sue piazze rinnovate, modernamente lastricate e riccamente illuminate.

Il miracolo si deve attribuire all'efficace appoggio dell'Ing. Umberto Terenzio, che è alto funzionario a Roma della Cassa del Mezzogiorno, un ente governativo che stanzia capitali per la valorizzazione delle nostre terre, efficacemente coadiuvato in quest'opera dal figlio ingegnere Stelio.

È tanto l'ardore e la passione che pongono in questa loro azione di potenziamento del paese, che sembra sentano il suggerimento e l'impeto costruttivo del grande loro genitore, di cui tutti serbiamo un caro ricordo per aver appreso da lui i primi rudimenti del sapere. Infatti, ci giunge notizia che in questi gironi saranno iniziati i lavori del secondo tronco della carrozzabile che allaccerà Settefrati con Canneto, con finanziamenti sollecitati dall'Ing. Terenzio.

Chi si recherà a Settefrati nel prossimo futuro, potrà raggiungere l'amena valle, servendosi non più del 'cavallo di San Francesco' come una volta, ma di ogni mezzo di locomozione, non escluse macchine potenti e veloci.

Capitolo IX

Consolidamento delle Nostre Associazioni

Come ampiamente è stato dimostrato, o fratelli d'America, l'attività dei Settefratesi in questa terra offre materiale per un'opera ben più ponderosa, che non le affrettate e manchevoli note che noi, animati soltanto da una fede che non conosce ostacoli, con una cultura modesta, abbiamo voluto pubblicare soltanto per invitare menti più preparate ad ampliarla e a completarla.

Benché modeste, queste note rispecchiano una realtà di vita vissuta, sostanziata da opere concrete a cui seppero dare vita i nostri gloriosi pionieri, in onore dei quali ci siamo decisi a prendere la penna. Alla sommità delle nostre conquiste e delle nostre realizzazioni stanno le nostre due Società: l'"Anserici Alberico" e la "Capitano Venturini". Queste società stanno a testimoniare una volontà creativa, volitiva, materiata d'amore, che sostenne tutti gli amministratori per renderle capaci di una concreta assistenza ai nostri fratelli. Attenuare il fervore che animò i fondatori sarebbe un delitto, rallentare l'azione sarebbe tradire la fiducia che ha sempre guidato queste istituzioni nel loro ascensionale cammino.

Potenziamole, dunque, le nostre associazioni: nessun Settefratese deve rimanerne fuori, nessun calcolo o risentimento deve rendere sterile la vita di due sodalizi altamente benemeriti.

Abbiamo parlato di calcoli e non senza intenzione, per significare che nessuna società d'Assicurazione, nessuna società assistenziale, fra le tante che pullulano in America, paga per le malattie, per la vita e per la morte premi tanto alti come le nostre due società. Contribuite tutti a renderle più potenti, iscrivetevi ad esse, con la sicurezza che l'adesione di tutti avrà l'efficacia di aumentare le nostre relazioni fraterne, basate sulla comune nostra origine: ognuno si faccia apostolo e diffusore di una santa crociata destinata ad aumentare le nostre file, le quali solo nel numero trovano la espressione della loro potenza e del loro vigore.

Dimostrate, come ampiamente hanno fatto coloro che ci hanno preceduti in questa terra, che il cuore del Settefratese non vive solo per dove si trova, ma vive per dove è nato.

Si tragga esempio dal nostro socio prof. Pellicci Giuseppe, che giunto in America con un carico di florida prole, non ha avuto ritegno di scendere dalla cattedra ed avviarsi al banco del lavoro. Tanta dignità, tanta nobiltà d'animo, tanto spirito di adattamento ci fanno sperare che presto il prof. Pellicci raggiungerà quelle posizioni che gli competono per la cultura, per la dirittura morale, per la socievolezza e la bontà, che distinguono il suo carattere.

Ebbene, fratelli, abbiamo avuto sempre fede in noi stessi, fummo ovunque ammirati ed invidiati, abbiamo avuto fede nella Vergine di Canneto nei giorni lieti e nella sventura, riversiamo questa nostra fede nelle nostre due attive società e nessuno rimanga fuori dei ranghi, affinché la floridezza di essi si concretizzi in efficace opera assistenziale e ricreativa.

Capitolo X

Attuale Posizione dei Settefratesi

All'inizio di questa nostra esposizione abbiamo accennato alle tremende difficoltà che incontrarono i nostri audaci lavoratori appena giunti nel suolo d'America. Verso gli albori del 1900 la situazione era gradatamente cambiata perché un'altra ondata di Settefratesi discese in America e trovò occupazione in importanti fabbriche ed in colossali costruzioni. In quella data pochi fortunati erano riusciti a costruirsi una casa propria, tanto che si potevano contare sulle dita di una mano, benché quasi mezza Settefrati si fosse riversata in America.

Oggi tre quarti della nostra brava gente è locata in bellissime villette, circondate da giardini, dotate di tutte le comodità moderne, con radio, televisione, attrezzature elettrodomestiche e lussuose macchine moderne.

Un'altra parte ha trovato da locarsi in comodissimi ed ampi appartamenti dove non manca una sufficiente attrezzatura. Come i Settefratesi hanno fatto progresso in ogni campo, non vi è da dubitare che presto tutti diventeranno proprietari di una casa propria.

La ricostruzione di questa storia è stata raccolta dalla viva voce di gagliardi pionieri che ci precedettero e si è cercato di valorizzare sempre più e sempre meglio il coraggio di quei forti, oggi passati nel numero di coloro che sono andati a raccogliere in Cielo il premio della loro laboriosità.

Non si è mancato di rendere il dovuto omaggio a tutti coloro che ancora oggi vivono, godendo il frutto di una vita di lavoro. Abbiano in comune in questa terra gioie e dolori: nascite, battesimi, cresime e matrimoni costituiscono per noi altrettanti motivi per riunirci in sontuosi banchetti, animati da schietta allegria.

Tanta solidarietà si manifesta anche nelle circostanze dolorose: la morte di un nostro concittadino d'America assume le proporzioni di un lutto generale, di un comune cordoglio.

Le buone notizie ci esaltano sempre, mentre le cattive ci colpiscono dolorosamente, come recentemente è avvenuto, quando siamo venuti a conoscenza della grave perdita dell'avv. Pasquale Tamburri, uno dei più apprezzati professionisti della città di Genova, in un grattacielo nel quale era situato il suo studio legale ed alle cui dipendenze collaboravano otto avvocati, i quali dipendevano dalla sua vasta cultura giuridica.

CONCLUSIONE

Non si possono chiudere queste pagine senza innalzare un inno alla terra che ci ospita, a questa potente e poderosa, libero ricovero delle scienze, delle arti e di ogni attività lavorativa, generoso asilo di perseguitati, di fuggiaschi e di affamati, ai quali essa spalanca le sue braccia di madre pietose, accogliendoli e confortandoli con trattamento imparziale, come se si trattasse di nati nel suo grembo. Onore e gloria a questa terra baciata e battezzata per prima da Colombo! Onore a questo giovane continente, che in appena cinque secoli di vita, ha raggiunto tale grado di Potenza e di civiltà da non temere più alcun rivale!

Quanta strada è stata percorsa dal giorno in cui Colombo discese dalle sue caravelle, che avevano sfidato le procelle ed i marosi dell'Oceano!

Oggi questa terra non teme più nessuno nel mondo, perché tutti i primati sono stati raggiunti sotto l'impulso dell'azione dei suoi figli arditi e coraggiosi: primato nel campo industriale, primato nelle scoperte scientifiche, primato negli altri campi.

Questa potenza che fa tremare il mondo, dalla saggezza americana è posta al servizio della pace e del benessere nei suoi figli. La grandezza del colosso Americano ben presto assumerà un nuovo volto, sotto l'azione costruttiva dei figli della repubblica stellata.

Guai per chiunque cozzasse o si schierasse contro una simile potenza! Sì, i Russi tentano una gara il cui esito è scontato in partenza.

Se essi lanciano razzi diretti alla luna, l'America non tarderà ad inviare l'uomo nell'orbita delle stelle ed anche più in alto, adeguandosi al pensiero del grande poeta, espresso negli alati versi del sublime canto dal titolo: "Excelsior".

A questa ascesa mirabolante, noi Settefratesi d'America abbiamo dato il valido contributo del nostro sudore e del nostro lavoro e pertanto possiamo benissimo e degnamente partecipare al godimento dei frutti di tanta potenza e di ricchezza.

Associando all'America la nostra bella Italia, ci piace chiudere queste pagine elevando un inno di saluto alla patria lontana. Erompa possente dai nostri petti il saluto nostalgico all'Italia! Quelle onde, attraverso le quali il grande Marconi rapì il segreto agli spazi, gli faccia valicare la distesa tormentosa dello sconfinato Atlantico, superi le valli ridenti, le aspre e pietrose giogaie dei monti, voli sugli eterni ghiacciai e vada a posarsi ai piedi della Castellana di Settefrati, la Vergine di Canneto, che accoglierà questo nostro grido di fede, come l'omaggio filiale di tutti i Settefratesi d'America.

FINE

Mario Vitti

A NEWER AND GREATER

SETTEFRATI ON AMERICAN SOIL

1959

To my children

so that they may remember their father and to all my fellow cit-
izens who for cradle and residence of their children have   cho-
sen the soil of America, discovered by Italian Genius, largely
enriched by the work of Italians and with the sacrifice of
Italians, my moved admiration for its past my constant thought
for a bright future.

Mario Vitti

Fellow Settefratesi Citizens!

Encouraged by the benevolent reception given to my elementary history of the new Settefrati of America, presented on April 5, 1959 in the headquarters of our society "Alessandro Venturini in Stamford," on that occasion, I asked for help for a revision of the work in order to be able to put to print a work worthy of being handed down to our children.

The invitation was accepted by a kind-hearted and generous Settefratese, who combines these qualities with those of intelligence and ingenuity, an appreciated speaker, Prof. Di Brenno Camillo, who teaches in a city near Rome, Cisterna, a town that also knew the bloody sacrifice of American soldiers in the landing at Anzio. To him I have given all the material for the compilation of the work, and I am sure that his work will be able to make us relive the sacrifice of those who from nothing marked the birth of our hard-working colony in America and those who still carry out their industriousness on this soil.

Mario Vitti

Settefratesi in America!

Roberto Bracco, a world famous playwright, affirms that any work, intended to exalt the values of one's own land, is a work of art.

This affirmation has pushed me to encourage Mario Vitti to put to print the written history of Settefratesi on America's soil, because nobody before him had thought to compile a work of the kind and then, because, as Settefratesi, the historical evocation made with so much passion, fills me with justified pride.

Mario Vitti has been able to masterfully collect the scattered links of events, which would surely be dispersed and covered by forgetfulness. He has lavished in his work the inexhaustible wave of his generous soul, overflowing with a spontaneous poetic venom, and has composed a work that all our emigrants missed and that all those who live in America will read with pleasure.

The attachment that the Settefratesi of America nurture for their country of origin is truly wonderful and moving. Mario Vitti in his pages exalts this palpitating reality. He, in his modesty, does not mention all the work that he has done and that he does to maintain strong ties between the members of the colony, but the reader who knows his sincere passion, his generous soul, his constructive activity, his exquisite patriotic sensitivity, will recognize as well his merits implicit in the story, which will increase its popularity and the straightforward compassion from which it is surrounded.

These attitudes acquire greater consistency when you think that his example spurs young people to imitate him, to perpetuate a bond of love, which with the passage of years could fade and extinguish.

Reading his prose and his verses, one cannot help but indulge in flattering considerations for the author, and I think that if he had been able to devote himself with serenity to his studies, under the impulse of his innate poetic and lyrical feeling, he could have given life to valuable productions of thought.

In the story it is noted that the "Anserici Alberico" and the "Capitano Venturini" in union with all the other mutual societies and country clubs constitute your most beautiful achievements and, perpetuate and make more effective the activity, must be the constant thought of every Settefratese in America.

I am sure that everyone will very much welcome Mario Vitti's work, which for multiple reasons, due to factors unrelated to the thought of the author, such as the difficulty of investigation in a continent so vast, does not have the pretension of a masterpiece.

Nevertheless, the Settefratese worker, who, in his secret thoughts, always flies back to his far country, will read these pages with delight and will surely be caught up in that nostalgia, which makes us love and desire the places that where we were born and grew up.

Some criticism could be aimed at the narrative because of the long digressions in which Vitti engages. They could not be avoided; they add to the spontaneous freshness of the style and provide the reader with knowledge of interesting details, which those who are far away are eager to know.

I close these introductory notes wishing all a prosperous and happy life, with the comfort that your industriousness will be able to realize, with the certainty that whatever condition the Settefratese will create, he will never look away from those eternal values that have made less ponderous the life of the first pioneers, who preceded him in the land of America, and of those survivors who conserve, like a sacred artifact, the memories of the past.

Camillo Di Brenno

It is now universally acknowledged that Italian genius has contributed to imprinting its profound mark on the progress and civilization of the world. In the fields of letters, arts, and sciences one can always find the remarkable contribution of the Italians.

America owes its discovery and a large part of its present power to Italian genius, which makes it the arbiter of mankind's destiny in the world.

It was the great Columbus to mark the route for the fleets of the future, it was the Florentine Amerigo Vespucci to reveal that he had discovered a new continent. These discoveries were littered with serious obstacles, which would have stopped anyone. Who does not remember the sad odyssey, Columbus's life of misery in search of a few ships, which allowed him to reach the East through the West?

There is a famous painting that recalls the incomprehension with which Columbus's proposal was received by the courts and the governments of the time, since he was convinced that there were still unexplored lands in the world. The painting represents the famous scholars of Salamanca, who, having heard about Columbus's great idea and being asked to give their opinion on it, laughed loudly, believing it to be in contrast with the geographical laws of the time.

The perseverance of Columbus and the firm will of the Italian made possible the conclusion of an enterprise that still fills the world with admiration.

Chapter I

THE DEPARTURE FROM SETTEFRATI

It was considered appropriate to make this brief introduction to reconnect the ardor and faith of the great Columbus, with the same courage that animated our fellow citizens, when they left Settefrati to reach the American soil.

It is to evoke the events of these first brave men, to relive their anguished state, when they abandoned their dearest affections, their land, their home to confront the unknown. It is to take us back to the years of our childhood to remember the departure of the emigrants from Settefrati.

Settled in uncomfortable horse-drawn buggies, they descended at the small trot of the horses of Tommaso, Michele, and Luigi Conetta the steep descent named "tre sbote" accompanied by the heartfelt cries of the family. This cry had a painful echo in the hearts of our first emigrants. In that moment, to quote Manzoni, the dreams of riches disappeared from their minds, and they would have gladly gone back, if an irresistible desire had not held them back.

The journey continued amidst the discomforts of the time because our Merchant Marine had not yet reached the efficiency and elegance of modern Italian ships, so much so that our steamships are now preferred and chosen among those of other nations for the comfort and luxury they offer. Eighty years have passed since the first handful of bold Settefratesi, imitating the boldness and daring of the great Columbus, embarked in Naples, and landed on the longed-for shores of America.

Tired, with the sack of their belongings on their shoulders, but animated by faith, strength, and hope, unaware of the language and customs of the new land, they fearlessly faced the first and hardest difficulties.

The social legislation, then, was almost non-existent and, although America had been the first country in the world to raise the banner of freedom, at that time the worker was almost defenseless against the avarice of greedy torturers, of bestial men, of ravenous wolves, of rapacious hawks, without conscience, who abused the misery of our fellow citizens to grab them and then exploit them in jobs of inhuman heaviness. Men of every race, improvised entrepreneurs, speculated greedily on that first bewilderment that makes fearful anyone who for the first time is lost in places in the world new to him. The disappointments, the bitterness of a home and a family far away would have weakened spirits less prepared, less tenacious, but the Settefratesi, hard as the rocks of our mountains, reacted to this first loss, they imposed themselves to the attraction of employers and fellow workers, for the unstable and extremely profitable work. Even though they were thrown into the desolated lands for the construction of railway lines, both under the bright rays of the sun and exposed to the bad weather and to the icy and glacial breath of the lashing north wind, those strong tempers of workers did not bend in front of so many adversities. Mocked, robbed, teased, they were able to react to the scheme and the violence with holy resentment.

Their position soon changed under the impulse of our patient but firm character. The people of Settefrati were able to defend themselves and make their way with cunning, with force, fighting off the contemptuous attitude of the exploiters and of all those who thought it was legitimate to make fun of our people: any weapon was used in those hard times: the spike, the shovel, the stones. The tools of the trade whirled and crashed down on the shoulders of the powerful profiteers, making them give up the campaign of insolence and scheme. Faced with the strong reaction of our pioneers, the conditions of work and adaptation began to become more reasonable and less precarious. Other groups of Settefratesi landed in America. They, too, were employed in the construction of railway lines and they, too, with the same means, tamed the arrogance and the greedy appetites of all those who, whatever race they belonged to, believed they could trample with impunity the dignity and the honor of the Settefratese.

Chapter II

The "Anserici Alberico" Society

In 1885 some professionals and artisans came to New York accompanied by their wives. When the people of Settefratesi reached a certain numerical entity, they felt the need to unite in order to be stronger, to not disperse and to always be able to help each other.

It is admirable the foresight of those people when they decided to create a recreational and welfare organization. Thus, the glorious society of Mutual Aid "Anserici Alberico" was born.

Even the denomination of the new association imposes itself on our admiration and denotes the exquisite sensibility of the founders, who, far from their homeland, did not forget to place their society under the aegis of the Settefratese monk, who with his visions provided Dante Alighieri with the material for his journey into the underworld, from which sprang the admirable and immortal poem of the *Divina Commedia*, whose author is considered the father of our harmonious language.

It was back in 1891 that Settefratesi responded to the call of the late Alfonso Tamburri and reunited 61 people to lay the foundations of the new society. The same Alfonso Tamburri was the creator and the author of the Statute of the new and nascent society.

Honor to those great predecessors of ours, who with the "Anserici Alberico" have maintained unaltered the ties that bind the immigrant to the own native country. Carmine Macari, one of the surviving founders of the society, ninety-two years old, has not been able to resist the call of his country, and still vigorous and bold, has not hesitated, at his venerable age, to face the Atlantic crossing to see again those places that saw him as a child and young emigrant, full of hopes, in search of fortune.

The attachment of the sympathetic Ciangone for Settefrati is one of the many and not only examples of the effective action carried out by the "Anserici Alberico" association, which translates, in the end, into a shining torch of Italian spirit in the soil of America.

Chapter III

The "Capitano Alessandro Venturini" Society

In 1916, the Settefratese colony of Stamford had grown to such proportions that, next to the "Anserici Alberico," a sister society "Capitano Alessandro Venturini" was founded. This new organization drew its name from the figure of a heroic man from Settefrati, Captain Alessandro Venturini, who died in the most beautiful and courageous hour of the years on the rugged peaks of those mountains, placed by nature as a bulwark of the Italian border, in a bloody war, fought to reunite the Italian cities of Trento and Trieste with their homeland.

The two societies, since their foundation, have carried out the tasks assigned to each of them, with unity of purpose and love. The founders of both societies have been succeeded by other administrators, and all of them have carried out their duties with a broad outlook, contributing to keep the emigrated Settefratese family amalgamated and compact. Also in Stamford, where the first Settefratesi settled in greater numbers, a female society arose.

The Settefratesi women, jealous custodians of a faith that they have learned from the lips of the mother and have rooted in the heart so deep as not to fear vacillation, offered to this society the name of the most sublime of women.

The Madonna of Canneto, that, as you will see later on, is first in the thoughts of every Settefratese.

The spirit of sociability is innate in the Settefratese. On May 9 of this year, also in New York, thirty-one women, on the initiative of Tommasina Vagnone, came together to lay the foundations for the establishment of a new women's society. When the initiative will be translated into reality, it will surely give life to one of the most recent and latest societies, which will hand down to future generations the names of the founders as, with reverence, is remembered in that of Alfonso Tamburri and the other founders of the "Anserici Alberico."

Chapter IV

Consolidating the Colony

Other Settefratesi later arrived and found the furrowed path, while those who arrive today, are picked up at the port of call in luxury cars, and, without facing the inconvenience of the past, are "bed made" as they say in Settefrati.

It is a debt of honor and gratitude that all must pay to those strong champions, workers of the earth and stone, who with superhuman efforts, with calm and patience opened to us the doors of America and came to create a greater Settefrati on the heart and soul of America. Peace and Glory to all the dead, buried in building collapses, in accidents at work, in misfortunes or otherwise fallen for the greatness of America. Peace and Glory to our brave sons, who fell as heroes on the battlefields, for the defense of the great America.

About three hundred of our fighters under the Star-Spangled Banner fought in the last war, with very painful losses in dead and wounded, swallowed by the terrible conflict (1). The participation in such a war is particularly painful for our children, who found themselves facing the unfortunate dilemma of having to fight against their own brothers of Italy, in a fight that has sown death and destruction in every corner of the peninsula, so that even small Settefrati has not gone unscathed by the general ruins caused by the conflict. Never has any history of people recorded more frightening and gruesome tragedies. Our sons, however, from the Roman temperament, even with a heart torn asunder, never failed in their duty of helping American soldiers. America then contributed to the reconstruction of its friend, Italy, because it knows that soldiers from almost every town in Italy or of Italian origin made a generous contribution to its great victory. To the veterans it rendered honors appropriate to the demonstrated value, to the dead the eternity of glory, to the survivors the jubilation of victory and the fruits of peace.

Our colony did the same, honoring the dead and welcoming with triumph the glorious return of the combatants. In those circumstances all the Settefratesi found themselves gathered in cheerful banquets and in warm fraternal expressions of love.

So united now our colony, from year to year and enlarged, is becoming impressive. We are everywhere feared and respected, our friendship is ardently sought after, as the American citizenship is never denied to those who make it honorably worthy. Respect is paid to us not only by foreigners, but by all our brothers in Italy.

(1) Bordering with the city in whose sign the city of Nettuno rises, where a monumental Cemetery has been constructed to the fallen American soldiers in the landing of Anzio.

A few months ago, my brother Gregory came to visit, and we went to eat lunch in a restaurant in that city. My sister-in-law Rosella brought by car a rich bundle of flowers that she wanted to lay on the grave of one of her relatives, a certain Giovanni or Giuseppe Tamburri, son of Settfratesi, fallen in the operations of war.

She was able to see how bloody the struggle had been to open the bridgehead of Anzio, from the number of crosses scattered in the cemetery. A bartender from Cisterna told me that Tamburri, on the last night he was alive, had a hearty dinner with him. Having left on patrol, he never returned.

Chapter V

Our Virtues

Men and women have accomplished works of which it would be a vain enterprise to make an exact inventory. It is not exaggerated to affirm that the work of the Settefratesi emigrants is in the vanguard, even of that of the other colonies that have inhabited America after the discovery of Columbus.

The Settefratese colony can be proud of its marvelous development: it is the most industrious, the most intelligent, the best, the most jovial, the most honest and expansive.

It loves good company, cheerful conversation. Its stories and its talks are substantiated by a subtle humor, by naive jokes, by harmless ancient and modern tales, free from allusion of bad taste and repugnant vulgarity. It is far from all the disparaging intention that exalts the virtue, the morality, the productions of the genius. They love to reunite in happy brigades, imbued with some good glass of wine or beer, by exquisite liqueurs and, following the example of the fathers, in the euphoria determined by the drinks, they know how to keep their manifestations within the limits of fairness and honesty, and never has any unfortunate event come to disturb their harmonious coexistence.

Chapter VI

How Many We Are

Our great Manzoni sang out, "Who could from the twin Dora, go down into the confused waters in the Po?" Just as it was difficult for the Lombard poet to recognize in the Po the waters of the Dora Baltea and the Dora Riparia, so it seems impossible today to make an exact census of the Settefratesi and those of Settefratese origins now present in America. Our prolificacy and that of our children would lead to hyperbolic figures when compared to the present population of Settefrati.

Last year, the author of these notes, speaking with Achille Vitti, learned that he was the grandfather of nineteen grandchildren; Vincenzo Di Preta told him that in celebrating his birthday he had seen forty-two people around him, including sons, daughters-in-law, grandchildren, and great-grandchildren; Donato Conetta, the author's cousin, four years ago, speaking on this subject, stated that about fifty families from the hamlets of Settefrati alone had taken up permanent residence in New York.

We do not risk any exaggeration at all when affirming that currently our colony is at the apex of its expansion and every day is enriched with new additions, so as to have reached the grandeur that could populate a city twenty times higher than the number of inhabitants of the current Settefrati.

Chapter VII

What Has been Done

The Settefratesi of America have distinguished themselves in every field of human endeavor. The colony includes professionals, clerks, artisans, and laborers of the land. Apologies if in listing anyone may have been omitted. If one were to list all the well-deserving Settefratesi who have distinguished themselves in all fields, readers would certainly be overcome with tedium. It is necessary to limit oneself to cite the best-known cases.

In Grand Officer Comm. Antonio Fanoni, we can recognize the dean of our doctors in America, who earned the admiration of a vast clientele for the appreciated work he was able to do in favor of suffering humanity. Other colleagues followed his example, others, earning a college degree in America, hold high the name of Italy for their highly self-sacrificing work. The ranks of the professionals widen projecting themselves in every branch of the sciences. The Settefratese colony boasts engineers, architects, doctors in physics, chemistry, teachers who teach music and foreign languages in American schools. It boasts directors of colossal banks secretaries and other clerks. A grandson of Pietro Terenzio, namesake of his grandfather, and president and director of one of the largest hospitals in New York. We would like at this moment to be in the shoes of Aunt Mariuccia, the kindest and oldest Settefratese in America, who with her venerable appearance recalls the angelic face of our mothers, whom we will never see again because they rest in the shade of the cypress trees of our Settefrati.

Our colony boasts numerous middle school students, who will soon enrich the ranks of Italian professionals in America. We have a Rustici who carries out valued explanatory activities in radio and television; a son of Giovanni Vitti of Stamford is making his way among the actors of Hollywood; entire divisions of engineers, mechanics of refined mastery, many of them will collaborate in the creation and improvement of the cylinder engine of the flying machines. We find a regiment of skilled tailors and seamstresses, some masters of the laboratory, others in the dependence of renowned tailors with the delicate task of designers, there are heads of entire factories, there are nests of women's fashion, where stars of wealth and art go to undress and be then covered by our ecclesiastical tailors' samples. A few years ago, there was a large women's clothing factory in Stamford with over 300 sewing machines and it had become the finishing school for all the women from Settefrati or daughters of Settefratesi, who entered as simple apprentices and, under the guidance of their good and experienced teacher Antonia Tamburri, came out model makers, sample makers, and expert workers. Antonia Tamburri, God rest her soul, will always be reverently remembered by the Settefratese colony for her professional qualities and for her chosen virtues of exemplary woman.

The construction field, as well, benefitted from Settefratese precision and art, which enjoyed such laurels and fame for its products even well beyond the American borders. Our architects, contractors, managers, and builders lavished their skills in colossal construction of hospitals, churches, schools, banks, huge farms, palaces, and villas, completing works for many millions of dollars. In this field our fellow citizens Marcello Mezzullo and Nunziatello Tamburri distinguished themselves and we hope that the activity, which was mitigated and stagnated after the death of these intrepid builders, will be resumed by their sons, assisted by our architects and by the workforce coming from Settefrati, and brought back to its ancient splendor, to honor those who knew how to start it up. Everything in its various specializations is represented by esteemed men who do us honor. Commercial activity of craftsmanship is represented on a very large scale, and it can be said with certainty that there is no product necessary for life that is not sold by our countrymen.

A swarm of kind and attractive "butterflies," who carry in their lively eyes and in their rosy and velvety cheeks, the imprint of the frank and gentle blood of Settefrati, are employed as secretaries, scribes, typists, and in very delicate office functions in colossal insurance companies, lawyers and in other offices and wherever wit, skill and specific expertise are needed.

Where are our people?

Everywhere: in the most widespread newspapers, in scientific magazines, in the post office, in the telegraph, in the ironworks, in the police force, in the firemen, where we record some painful loss occurred in the heroic fulfillment of one's duty, which affected a person who was incinerated in the burning flames, sacrificing his own life for the salvation of others. There is a widespread belief that the American underworld has been a sad plague on Italian immigration. The name of some outlaws of Italian origin have helped to strengthen this belief. Criminality is a universal phenomenon: everywhere there are bad guys and bad men, but even if we accept as true the presence of some Italians in the list of those accused of evil, the people of Settefrati can breathe a sigh of relief, recognizing that no native or native-born person is on the infamous list of evildoers, of the irresponsible weasels of humanity who populate the jails. No Settefratese, whether young or old, has ever been stained with infamy. Amid units of workers, as has been amply demonstrated, the pestiferous plant of crime cannot align and flourish. This is an undeniable pride of our colony.

This overview would be incomplete if we did not denounce an unfortunate situation that occurs in activities in which we are absent, not so much to complain about the lack, but as to point out to the saplings of our flourishing plant to start decidedly towards those careers not yet traveled by the Settratesi.

The political, the judicial doesn't yet include Settefratesi, and it is hoped that valiant young people, who today cultivate these studies, in the near future can represent us.

Nevertheless, the result of our work is a valiant one. Everything that has been achieved must be ascribed to the merit of our pioneers, of all those who have succeeded one another in the direction of our two societies, both of mutual support, to the untiring managers of all the administrations and also to all those who work in unison to grow them more and more and to make them increasingly more solid and responsive to the criteria for which they were established: The "Anserici Alberico," first, and the "Captain Venturini," after, always work with a spirit of brotherhood in both joy and pain, with the heart of our fathers and with the heart of our children born in Settefrati, as well as that of Settefrati born in America, together, they are like those parallel railroads built by the Herculean arms of our strong pioneers.

Chapter VIII

WHAT WE HAVE DONE FOR SETTEFRATI

The activity of our colony, the work of Settefratesi, opens another substantial chapter of production of imperishable memory, destined to hand down to posterity the attachment to our land, This point is a necessary procedure in order of dates. World War I saw to rush enthusiastically the Settefratese youth onto the fields of battle in order to complete the work of those great ones, whose names are written in indelible ink in the pages of our country's history.

The contribution of blood given to the conflict by the Settefratesi finds its eloquent expression in the numbers. Two of our fallen officers. The memory of one of them remains perennial among the Settefratesi within the society "Capitano Venturini," but beside this glorious name it remains our duty to remember that of lieutenant Michele Archangelo Zezima, a young promising individual of the forensic class, who had already exhibited ample demonstrations of advanced intelligence in the course of his studies, having sacrificed himself as head of the alpine soldiers in the bitter ridges of the Ortigara.[1] To

---

[1] EDITOR'S NOTE: The reference is to the Battle of Mount Ortigara which was waged from 10 to 25 June 1917 between the Italiana and Austro-Hungarian armies for possession of Mount Ortigara in the Asiago Plateau. For more, see John Gooch, *The Italian Army and the First World War* (Cambridge: Cambridge University Press, 2014).

this name there is a worthy crown of a high percentage of fallen, military graduates, humble foot soldiers, but great in the immortality of glory.

Many of us, who still carry on our bodies the memory of that glorious epic, for having personally lived it, can rightly appreciate the abyss that separates us from those who have never returned. In our midst there live some of the orphans of those strong men, jealously guarding the memory of their fathers who fell in the sacred fulfillment of his duty.

Faced with this sublime holocaust, the Settefratese colony thought it timely to eternalize the memory with a marble monument, which in Settefrati was erected in record time at the expense of Settefrasi America.

In time immemorial we shall remember that the bells of our Church Major were set up in a room not suitable, and for a strict law of physics the sound remained circumscribed and could not transmit its harmonious chorus and song throughout the countryside below our country. This obstacle was eliminated by the munificence of the already mentioned and departed Dr. Antonio Fanoni, who bore alone the costs of an artistic bell tower, from which, in the recurrences dear to the heart of every Settefratese, sends further the chorus of the bells, which creates a desire in the heart of those who, after being far away, wish to come back to hear them again.

No one in earshot of the ringing of the bells of the most memorable processions that wind through the streets of Settefrati, can overcome the emotion and hold back the warm tears that inconceivably flow from the eyes and line our cheeks.

The good wife of Dr. Fanoni, though not of our religion, enriched the bell tower with a large and ringing bell, of which she was also its godmother.

In 1926, Dr. Fanoni himself donated a precious altar to the Church of the Madonna della Tribuna, which had risen from the abandonment in which it had woefully fallen. From this generous gift, a monument with a millennial past could be reopened to the faithful.

The example of Dr. Fanoni was replicated with praise by our unforgettable Marcello Mezzullo, who contributed with a philanthropic soul to the expenses of the restoration of the temple and the bell of the Madonna della Tribuna. Its size, although modest, looks down, with a blessing from the highest point of the Hill, over the vast and picturesque valley of Camino, which, when the shadows of the twilight cover over it, appears to the enraptured eye like a sparkling lake of lights, peeking from the so many towns sprinkled on the hills, testimonies of bright splendor.

Another event worthy of the highest recognition not only of Settefratesi, but of the Italian Ministry of Education, our colony has provided our town a modern and welcoming school building.

Someone will remember how school functioned before the erection of the new building. If we think that the current Italian government, in order to deal with the problem of school construction, has created a plan called "della Scuola" (School Plan), with the aim of providing funding every ten years, the people of Settefratesi in America can be proud that they were able to accomplish twenty-three years in advance what the Italian government plans to do in ten years for some towns.

The financing of the work was entirely borne by the emigrants and the initiative could be carried out under the desire and strong will of the already mentioned and departed Marcello Mezzullo, effectively assisted by other villagers.

The collection of funds took place in a particularly difficult environment.

The author of this work, in launching the project first and alone, recognized that it was onerous and perhaps not feasible. At the time, our colony was not as numerous as it is today, and latent misunderstandings threatened to wreck the noble initiative.

To put an end to the hesitancy a munificent contribution of the praised Marcello Mezzullo and the irreplaceable animating flame of Prof. Giuseppe Terenzio intervened.

The youth of the time validly supported our efforts with musical and academic entertainment of choral songs. The criticism, the friction, the pessimistic forecasts, which we never considered as an expression of hatred, when the work was completed, made it more of a resounding triumph.

Leaving Settefrati, in addition to the memory of their loved ones, the Settefratesi carry engraved in their hearts the veneration towards the Holy Virgin of Canneto, the Celestial Queen who dominates the uncontaminated peaks of the most suggestive valley of Settefrati, towards which in the fateful month of August our sighs of love are pinned.

The temple of the Vergine that stands tall in the solitary Canneto and curated by the diocesan authorities has been in these recent times restored and expanded. Those altars, on which we kneel to fervently explore the heavenly blessings of the mother of God, have been embellished. The contribution of the Settefratesi in America could not be more present in this work of renewal; they have donated a marble throne on which the Virgin sits in order to receive the homage of the crowds that, at her feet, will prostrate themselves with devotion.

Also on this occasion, a committee presided over by Dr. Canetta Enrico, by Prof. Pellicci Giuseppe, and by yours truly received the enthusiastic consent of the colony.

The Virgin of Canneto, we are sure, will welcome our modest tribute and will take it into account in dispensing her favors and keep us under her protection. She will appreciate the offer of a community scattered in the harsh ways of the world, that, in her name, gathers and keeps close the bonds of brotherhood, that the distance makes more firm.

The artistic marble throne was carved according to the plans of our fellow citizen prof. Alfonso Capocci, which with the exquisite artistic taste that made him famous, has been able to interpret our prayers, our devotion, our love for Her. She never denies Her help to those who turn to Her faithful, to invoke Her.

The throne, meanwhile, will remain over the centuries a testimony to the sublimity of our offer, and this consoling thought pervaded our mind on August 20, 1958, when together with a numerous representation of emigrants, we attended the modest ceremony of the inauguration and, in the incomparable and majestic frame of the secular beech trees of the surrounding woods, we heard again the song dear to our hearts.

The cult of the Virgin of Canneto finds another significant manifestation by the colony in its collection of offerings that every year render more solemn the civil festivities. These celebrations place Settefratesi at the center of admiration over provinces such as Lazio, Campagnia, and the Abruzzi, as well as that of humble pilgrims who retrace, with the same faith as ours, the roads furrowed by their fathers. In so doing, they scale once more, while praying and singing under the sultry summer heat, those mountains toward which the crowds of the faithful seek, some to thank the Virgin for graces received, others hoping to ask for other assistance. Such spectacle of people who go to thank and ask assistance epitomizes the depth of a faith that cancels all the sophistry of rational science, which would diminish and cancel its efficiency and scope. All the manifestations of affection and attachment, realized with the endowment of work, are destined to exalt our memory, while the annual offer for the festivities of Canneto constitutes the perennial bond that every Settefratese maintains with his or her land. The name of the donors, besides being reported on the annual list of accounts, will be remembered with the public reading on the day of the feast of the Octave.

It is we, the Settefratesi of America, who contribute the most to make rich and enticing those festivities that attract so many people. And the offerings increase in volume with the influx of new emigrants. We who write these pages, in the past month of August, have enjoyed the delight of an hour of forgetfulness listening to the immortal melodies of the great composers, who transfused into delightful notes the genius of their artistic inspiration.

The works were performed by some of the most famous bands and orchestras in Italy and of international renown. The concerts performed by the great polyphonic orchestra of Bari echoed solemnly and melodiously in Settefrati's square, rendered beautiful and welcoming by the enlightened administration of the current Mayor Eng. Cav. Olindo Terenzio, who with his intelligent activity, is transforming our town into a jewel of a mountain stay.

Whoever visits Settefrati today, cannot help but be enraptured by the vision of its renovated squares, modernly paved, and richly illuminated.

The miracle is to be attributed to the effective support of Eng. Umberto Terenzio, who is a high official in Rome of the Cassa del Mezzogiorno, a government agency that allocates capital for the development of our lands, effectively assisted in this work by his son, engineer Stelio.

It is so much the ardor and the passion that they put into this action of the strengthening of our town, that they seem to feel the constructive impetus of their great parent, of whom we all hold in dear memory to have learned from him the first rudiments of knowledge. In fact, we received news that in these days work will be started for the second section of the roadway that will connect Settefrati with Canneto, with financing solicited by the engineer Terenzio.

Whoever goes to Settefrati in the near future will be able to reach the lovely valley, using no longer the "horse of St. Francis" as in the past, but any means of locomotion, not excluding powerful and fast cars.

Chapter IX

CONSOLIDATION OF OUR ASSOCIATIONS

As has been amply demonstrated, O brethren of America, the activity of the Settefratesi in this land offers material for a far more ponderous work, than the hasty and lacking notes that we, animated only by a faith that knows no impediment, with a modest culture, have wished to publish only to invite better prepared minds to enlarge and complete it.

Although modest, these notes reflect a reality of life lived, substantiated by concrete works to which our glorious pioneers knew how to give life, in honor of which we have decided to take up the pen. At the top of our victories and our achievements are our two companies: the "Anserici Alberico" and the "Capitano Venturini." These societies bear witness to a creative, strong-willed, loving will that sustained all the administrators to make them capable of providing concrete assistance to our brothers. To diminish the fervor that animated the founders would be a crime, to slow down the action would betray the trust that has always guided these institutions on their ascending path.

Let's strengthen our associations: no Settefratese should be left out, no calculation or resentment should make sterile the life of two highly meritorious associations.

We have spoken about numbers, and not without intention, to signify that no insurance company, no welfare agency, among the many that swarm in America, pays such high premiums for diseases, for life and death as do our two societies. I urge you all to contribute to make them more powerful, to join them, so that the adhesion of all will have the impact of increasing our fraternal relations, based on our common origin: each one will become an apostle and promotor of a holy crusade destined to increase our ranks, which only in grand number find the expression of their power and their vigor.

Demonstrate, as widely as those who have preceded you in this land, that the heart of the Settefratese does not live only for where it is, but it also lives for where it was born!

We draw example from our member Prof. Giuseppe Pellicci who, having arrived in America with the challenge of flourishing offspring, has not had any hesitancy to get up from his desk and start working. So much dignity, so much nobility of soul, so much spirit of adaptation makes us hope that soon Prof. Pellicci will reach those positions that suit him for his culture, for his moral rightness, for his sociability and goodness that distinguish his character.

Well, brothers, we have always had faith in ourselves, we were everywhere admired and envied, we had faith in the Virgin of Canneto in happy days and in misfortune, let us pour this faith in our two active societies and let no one remain outside the ranks, so that the flowering of them is realized in effective welfare and recreational work.

Chapter X

CURRENT SITUATION OF THE SETTEFRATESI

At the beginning of this exposition we mentioned the tremendous hardships faced by our brave workers as they arrived on American soil. Toward the dawn of 1900 the situation had gradually changed as another wave of Settefratesi descended onto America and found employment in important factories and in colossal construction projects. In that period, a lucky few were able to build their own homes, so much so that they could be counted on the fingers of one hand, although almost half of Settefrati had flocked to America.

Today, three quarters of our good people live in beautiful villas, surrounded by gardens, equipped with all modern conveniences, with radio, television, household appliances and luxurious modern cars.

Another part was able to live in very comfortable and spacious apartments where sufficient equipment is not lacking. As the people of Settefrati have made progress in every field, there is no doubt that soon everyone will become the owner of his own house.

The reconstruction of this history has been collected from the living voice of brave pioneers who preceded us, and we have tried to enhance more and more the courage of those strong, now joined with in the number of those who have gone to collect in Heaven the prize of their hard work.

We have not failed to pay due homage to all those who still live today, enjoying the fruits of a lifetime of work. We have in common in this land joys and sorrows: births, baptisms, confirmations, and marriages are for us as many reasons to gather in sumptuous banquets, animated by unbridled joy.

Such solidarity is also manifested in painful circumstances: the death of one of our fellow citizens in America takes on the proportions of a general mourning, of a common grief.

Good news always exalts us, while bad news strikes us painfully, as recently happened when we learned of the serious loss of Pasquale Tamburri, one of the most appreciated professionals in the city of Genoa, in a skyscraper where his law office was located and where eight lawyers worked together, all of whom depended on his vast legal culture.

CONCLUSION

We cannot close these pages without raising a hymn to the land that hosts us, to this powerful and ponderous land, a free refuge for the sciences, the arts, and all work, a generous asylum for the persecuted, the fugitives and the hungry, to whom it opens its arms as a compassionate mother, welcoming and comforting them with impartial treatment, as if they were born in her womb. Honor and glory to this land first kissed and baptized by Columbus! Honor to this young continent, that in barely five centuries of life, has reached such a degree of power and civilization that it no longer fears any rival!

How much progress has been made since the day Columbus descended from his caravels that had challenged the storms and waves of the Ocean!

Today, this land no longer fears anyone in the world because its industrious supremacy has been accomplished under the impulse of the action of its bold and courageous sons and daughters: primacy in the industrial field, primacy in scientific discoveries, primacy in other fields.

This power that makes the world tremble, originating in American wisdom, is dedicated to the service of peace and well-being in its children. The greatness of the American colossus will soon take on a new face, under the constructive action of the sons and daughters of the starred republic.

Woe to whoever would clash or take sides with such a power! Yes, the Russians are attempting a race whose outcome is a foregone conclusion.

If they launch rockets to the moon, America will not delay sending man in orbit among the stars and even higher, according to the thought of the great poet, expressed in the winged lines of the sublime song entitled: "Excelsior."

To this admirable ascent, we Settefratesi of America have given the valid contribution of our sweat and toil and we can therefore worthily participate in the enjoyment of the fruits of so much power and wealth.

Associating America with our beautiful Italy, we like to close these pages by raising a hymn of hello to our distant homeland. Let the nostalgic greeting of Italy emanate from our breasts! May those waves, through which the great Marconi conquered the secret of space, make it cross the tormenting expanse of the boundless Atlantic, overcome the lush valleys, the rough and stony mountain ridges, fly over the eternal glaciers and go to rest at the feet of the Castellana of Settefrati, the Virgin of Canneto, who will welcome our cry of faith, as the filial homage of all Settefratesi in America!

THE END

INDEX OF NAMES

NOTES

NOTES

About the Editor

ANTHONY JULIAN TAMBURRI is Distinguished Professor of European Languages and Literatures and Dean of the John D. Calandra Italian American Institute of Queens College, The City University of New York.

In addition to his twenty books and more than 120 essays and book chapters, he has edited close to thirty volumes. With Paolo A. Giordano and Fred L. Gardaphé, he is contributing co-editor of the volume *From The Margin: Writings in Italian Americana* (1991; 2nd edition, 2000), and co-founder of Bordighera Press, publisher of *Voices in Italian Americana, Italiana,* and four book series, and the LAURA/FRASCA POETRY PRIZE. Other edited volumes include, *Beyond the Margin: Readings in Italian Americana* (1998) and *Screening Ethnicity: Cinematographic Representations of Italian Americans in the United States* (2002).

His degrees are from Southern Connecticut State University (BS, Italian & Spanish), Middlebury College (MA, Italian), U.C. Berkeley (PhD, Italian & Spanish). He first taught in high-school, and subsequently at Smith College, Middlebury College, Auburn University, Purdue University, and Florida Atlantic University.

Tamburri is past president of the American Italian Historical Association (now Italian American Studies Association) and the American Association of Teachers of Italian. He is executive producer of the TV program *Italics*.

Among his honors, he was named Distinguished Alum-nus in 2000 by Southern Connecticut State University; in 2008, then Bronx President Adolfo Carrion awarded him the Certificate of Appreciation for work as educator and community leader for Italian Americans; and, in 2010 he was conferred the honor of *Cavaliere dell'Ordine al Merito della Repubblica Italiana*. He received the "Frank Stella Person of the Year Award," ILICA. Other awards include: "The Lehman-LaGuardia Award for Civic Achievement" from the Commission for Social Justice Order Sons and Daughters of Italy in America (New York State) in America and B'nai B'rith International (Metro-North Region) (2011); the AATI Award for Distinguished Service for Colleges and Universities (2013); the "Leonard Covello Award for Distinguished Service" of the Italian Teachers Association of New York (2013); The Joseph Coccia Jr. Heritage, Language and Culture Award exceptional efforts by word and deed in promoting and preserving our Italian Heritage, Language or Culture. UNICO National (2016); National Council of Columbia Associations, "Man of The Year" Award (2017).

Spuntini

This book series is dedicated to the long essay. It includes those studies that are longer than the traditional journal-length essay and yet shorter than the traditional book-length manuscript. Intellectually, it is a light meal, a snack of sorts that holds you over for the full helping that comes with either lunch or dinner.

Anthony Julian Tamburri. The *Columbus Affair: Imperatives for an Italian/American Agenda*. Volume 1. ISBN 978-1-955995-00-9

Joseph Rocchietti. *Lorenzo and Oonalaska*. A Novel. Edited and with an Introduction by Leonardo Buonomo. Volume 2. ISBN 978-1-955995-01-6

Mario Vitti. *Una nuova e più grande Settefrati sul suolo d'America*. Edited by Anthony Julian Tamburri. Preface by Riccardo Frattaroli. Volume 3. ISBN 978-1-955995-03-0

www.ingramcontent.com/pod-product-compliance
Lightning Source LLC
Chambersburg PA
CBHW022118280326
41933CB00007B/447